14 Déc

VENTE

DES JEUDI 14 ET VENDREDI 15 DÉCEMBRE 1893

HOTEL DROUOT, SALLE N° 1

à 2 heures 1/2

MOBILIER ARTISTIQUE

ANCIEN ET DE STYLE

TRÈS BELLE TAPISSERIE DU XVIe SIÈCLE

Objets d'art

12 MARBRES DE L. BRACONY

BIJOUX, ORFÈVRERIE

10 TABLEAUX DE LA LYRE

Autres Œuvres de divers artistes

Me RENÉ LYON
COMMISSAIRE-PRISEUR
29, rue Le Peletier, 29

M. A. BLOCHE
EXPERT PRÈS LA COUR D'APPEL
25, rue de Châteaudun, 25

EXPOSITION PUBLIQUE

Le Mercredi 13 Décembre 1893, de 2 heures à 6 heures

CATALOGUE

D'UN

MOBILIER ARTISTIQUE

ANCIEN & DE STYLE

Beau Lit, Glaces et Tables en bois sculpté et doré Louis XIV
Fauteuils en ancienne tapisserie, Sièges du temps de Louis XV
Autres de style Louis XVI, Meubles ornés de bronzes

TRÈS BELLE TAPISSERIE DU XVIe SIÈCLE

Étoffes brodées et brochées — Tentures — Tapis

12 MARBRES DE L. BRACONY

GROUPES — STATUETTES — BUSTES

Deux Marbres de G. Bracony — Taureau de Clésinger

Terres cuites

10 TABLEAUX DE LA LYRE

Tableaux modernes de divers artistes

BRONZES D'ART & D'AMEUBLEMENT

de Caïn, Lanzirotti, Madrassi

Porcelaines anciennes — Faïences — Miniatures — Bijoux
Argenterie — Objets de curiosité

DONT LA VENTE AURA LIEU

HOTEL DROUOT, SALLE N° 1

Les Jeudi 14 et Vendredi 15 Décembre 1893

à 2 heures 1/2

Me RENÉ LYON
COMMISSAIRE-PRISEUR
39, rue Le Peletier, 39

M. A. BLOCHE
EXPERT PRÈS LA COUR D'APPEL
25, rue de Châteaudun, 25

Chez lesquels se trouve le présent Catalogue.

EXPOSITION PUBLIQUE

Le Mercredi 13 Décembre 1893, de 2 heures à 6 heures.

CONDITIONS DE LA VENTE

Elle sera faite au comptant.

Les Acquéreurs paieront *cinq pour cent* en sus du prix d'adjudication, applicables aux frais de la vente.

L'Exposition mettant le public à même de se rendre compte de l'état des objets, il ne sera admis aucune réclamation une fois l'adjudication prononcée.

Paris. — Imp. de l'Art, E. MOREAU ET Cie, 41, rue de la Victoire.

DÉSIGNATION DES OBJETS

SCULPTURES
ŒUVRES DE L. BRACONY

MARBRES

1 — *Roméo et Juliette.*

Beau groupe en marbre.

2 — *Amour et Psyché.*

Beau groupe en marbre.

3 — *Le Champagne.*

Joli groupe en marbre.

4 — *La Musique.*

Groupe en marbre.

5 — *Rebecca.*

Statuette en marbre.

6 — *Diane.*

Statuette en marbre.

7 — *La Danse.*

Statuette en marbre.

8 — *Marguerite.*

Statuette en marbre.

9 — *La Du Barry.*

Buste en marbre.

10 — *Diane chasseresse.*

Buste en marbre.

11 — *L'Harmonie.*

Groupe en marbre.

12 — *La Nuit.*

Statuette en marbre.

TERRES CUITES

13 — *Rebecca.*

Statuette.

14 — *La Musique.*

Groupe.

15 — *Diane.*

Statuette.

16 — *La Nuit.*

Statuette.

OEUVRES DE G. BRACONY

17 — *Mignon.*

Statuette en marbre.

18 — *La Moissonneuse.*

Statuette en marbre.

MARBRES DE CRISTALLINE

19 — *Le Messager d'amour.*

Statuette.

20 — *Le Déjeuner d'Azor.*

Statuette.

21 — *Le Déjeuner de Minette.*

Statuette.

22 — *Mignon.*

Statuette.

23 — *L'Enfant à l'oiseau.*

Statuette.

24 — *Rapt d'amour.*

Groupe.

25 — *Rapt de Bacchus.*

Groupe.

26 — *Satisfait.*

Statuette.

TABLEAUX

ŒUVRES DE

AD. LA LYRE

27 — *Le Repos de la Fourmi.*

Après une séance de pose, le modèle, charmante jeune fille blonde aux longs cheveux, est nonchalamment étendue sur le lit de repos. Près d'elle, à ses pieds : la palette du peintre et, sur les coussins, des fleurs. Le sujet se détache dans toute sa grâce et tout le charme de sa jeunesse, sur un fond de tenture d'un rouge éclatant.

Salon de 1893.

28 — *Le Chant des Sirènes.*

Bercées par les vagues en furie et portées sur les rochers, enlevées par les dauphins, les sirènes sont groupées là, ajoutant aux séductions de leur grâce par leurs chants et leurs accords harmonieux qu'elles tirent de leurs chalumeaux, du sistre, du tambourin et de la lyre. Les alcyons voltigent autour d'elles.

Œuvre et exquisse dans les tonalités perlées.

29 — *Les Sirènes surprises.*

Dans les vagues, affolées, se cramponnant au dauphin ou s'élevant dans les flots, elles s'appellent et vont jusqu'à effrayer les alcyons voltigeant autour d'elles.

30 — *Daphnis et Chloé.*

Beaux d'innocence et de tendresse, les deux amoureux, au bord du clair ruisseau, se regardent et s'aiment.

31 — *Diane inquiète.*

Assise sur un monticule, elle regarde du côté où elle craint d'être surprise.

32 — *Biblis changée en fontaine.*

Endormie sur le tertre enchanté, toute nue, les cheveux épars.

33 — *Le Crépuscule.*

La baigneuse assise sur un rocher voit avec mélancolie s'évanouir le jour. Effet heureux d'approche du soir.

34 — *La Nymphe endormie.*

35 — *La Cigale.*

36 — *Diane endormie.*

TABLEAUX PAR DIVERS ARTISTES

ARMAND
(SIMON)

37 — *Marine.*

38 — *Marine.*

39 — *Marée basse.*

BAUDIT

40 — *Paysage.*

Signé.

DARBOUR

41 — *Portrait de cardinal.*

Pastel.

DAVID

(Attribué à)

42 — *Étude.*

DESCAMPS-SABOURET

(Mlle)

43 — *Aiguière et fleurs.*

DEYROLLE

(THÉOPHILE)

44 — *Pêcheuse bretonne.*

Signé.

DUCLAUX

45 — *Natures mortes.*

Deux tableaux.

FEYEN-PERRIN

46 — *Tête de femme.*

FRALIN

47 — *Paysage.*

48 — *Paysage.*

49 — *Paysage.*

Signés à droite.

HAREUX

50 — *Fleurs et fruits.*

HUET

(Attribué à)

51 — *Trois dessus de portes.*

KAEMMERER

(Attribué à)

52 — *Au croquet.*

Dessin.

KUWASSEG

(Père)

53 — *Rochers.*

LEPIC

(Le Comte)

54 — *Panneaux décoratifs.*

Deux pendants.

LIENDEKER

55 — *Bouquet de fleurs.*

56 — *Tête d'Italienne.*

MICHAU
(THÉOBALD)

57 — *Paysage.*

Signé.

MERWART
(Attribué à)

58 — *Deux panneaux décoratifs.*

MULLER

59-60 — *Fleurs.*

Deux pendants.

OLIVIÉ
(LÉON)

61 — *Au bord de la mer.*

PUJOL

62 — *Tête de femme espagnole.*

63 — *Jeune Femme.*

RICHTER

64 — *Femme moderne.*

65 — *Tête de femme.*
Ébauche.

VERNET

(Attribué à JOSEPH)

66 — *Clair de lune.*
Signé.

ÉCOLE FRANÇAISE

67 — *Chiens et perroquet.*

ÉCOLE FRANÇAISE

68 — *Portrait de la duchesse du Maine.*
Pastel.
Cadre en bois sculpté ancien.

ECOLE MODERNE

69 — *Bouquets de fleurs.*
Deux pendants.

ECOLE MODERNE

70 — *Cheval.*
Aquarelle.

MOBILIER, OBJETS D'ART

TAPISSERIES

71 — Grande et belle tapisserie de Bruxelles du XVIe siècle, haute lisse, tissée de soie principalement, représentant Mercure messager de Jupiter venant ordonner à Énée de quitter Carthage. Au milieu de la ville, sur la place, sur le port, de nombreux personnages occupés à divers travaux. Intéressante composition pour les costumes des personnages et l'ordonnance des groupements. Riche bordure à trophées de fruits, fleurs et oiseaux de toutes sortes. En bel état de conservation. — Long., 4 m. 45 cent.; haut., 4 m. 10 cent.

72 à 74 — Diverses tapisseries à sujets allégoriques et verdures.

75 — Très beau lit de milieu en bois sculpté et doré, dessin à jour à gerbes de fleurs, nœuds de rubans et rocailles, se détachant en partie sur fond en glace, accompagné d'une couronne de même travail formant baldaquin. Style Louis XIV.

76-77 — Deux petites tables en bois doré et peinture. Époque Louis XV.

78 — Très belle glace avec cadre en bois sculpté et doré, style Louis XIV, allant avec le lit.

79 — Galerie de croisée en bois sculpté et doré. Même style.

80 — Deux meubles en bois sculpté, style gothique; décor ogival, fleuron avec fronton à écusson et figure symbolique. Intérieur à étagères, l'un gainé de satin rose.

81 — Lampe juive en cuivre à huit becs.

82 — Banquette Louis XVI en bois sculpté rechampi gris.

83 — Deux petites chaises légères en bois de noyer finement sculpté Louis XIV, foncées de canne.

84 — Bureau de dame Louis XV, en bois rose et palissandre, garni de bronzes.

85 — Écran en bois sculpté Régence, panneau de velours de Gênes et application de broderie.

86 — Tapisserie du XVIIIe siècle, représentant Daphnis et Chloé, avec sa bordure.

87 — Deux fauteuils Louis XIII, à hauts dossiers.

88 — Couvre-lit en broderie écrue, sur fond rouge. Travail portugais.

89 — Couvre-lit en toile de Gênes. Garni de franges.

90 — Chape en brocart, fond jaune, broché, à bouquets de fleurs.

91 — Joli nécessaire de dame, ustensiles et monture en or, étui en galuchat. Époque XVIIIe siècle.

92 — Bel étui-nécessaire de dame en agate oriental avec crochet et deux œufs breloques renfermant l'un un dé, l'autre la cassolette, monture et ustensiles en argent doré finement ciselé et repoussé Louis XV.

93 — Mouchoir en broderie et entre-deux valenciennes.

94 — Beau couvre-pieds en ancien damas de soie rouge garni de franges. Époque Louis XIV.

95 — Deux meubles d'appui en bois de rose, avec panneaux en marqueterie de bois à trophées d'attributs champêtres, garnis de bronzes, dessus en marbre blanc. Style Louis XVI.

96 — Table de salon à quatre faces, en marqueterie. Style de Boule, ornée de bronzes.

97 — Deux canapés d'encoignure, en bois doré, forme Louis XV, couverts en étoffe brochée métallique, sur fond rouge cuivre.

98 — Chaise-longue en noyer sculpté, rehaussé d'or

du temps de Louis XVI, couverte en satin rouge à rayures crème et brochée, à fleurs et guirlandes.

99 — Trois fauteuils, dessins à médaillons, bois sculpté rehaussé de blanc, rehaussé d'or, couverts de tapisserie au point, à grandes fleurs. Époque Louis XVI.

100 — Deux grandes chaises en bois doré, forme Louis XV, couvertes en soierie brochée, fond cuivre, lamé métallique.

101 — Fauteuil forme Louis XVI, dessus surbaissé et cintré, en bois sculpté, relevé d'or, foncé de canne dorée.

102 — Banquette formant coffre avec dossier en chêne sculpté.

103 — Deux chaises couvertes en tapisserie.

104 — Table de salon en bois d'érable avec neuf tiroirs, garnis de bronze. Époque premier Empire.

105 — Joli porte-bouquet, forme corne de chasse, orné de feuillages avec têtes de renard en bronze ciselé et doré de Barbedienne.

106 — Fontaine, bassin et couvercle en ancienne faïence de Rouen, décor polychrome, avec son support.

107 — Quatre appliques bysantines en cuivre repoussé représentant des saints et des saintes, montées sur fond de peluche rouge.

108 — Paire de vases en porcelaine de Sèvres fond jaspé, bordures rouges, rehaussées d'or.

109 — Beau groupe en bronze : le Passage du gué, de Madrassi. Socle en marbre noir.

110 — Grande chimère, formant brûle-parfums, bronze ancien du Japon, belle patine.

111 — Deux seaux à champagne ou vases en bronze ciselé et doré, de Thomire.

112 — Commode en palissandre sculpté s'ouvrant à deux portes, intérieur à l'anglaise.

113 — Table de nuit en palissandre forme chiffonnière.

114 — Ameublement de chambre à coucher en bois laqué blanc et filets roses composé d'un lit de milieu à colonnettes supportant le baldaquin, une table de nuit, une toilette, une armoire à glace forme anglaise et deux chaises.

115 — Cadre de glace en bois sculpté. Style Renaissance.

116 — Métier à tapisserie en noyer sculpté de Schmitt et Piollet.

117 — Grande vasque en porcelaine du Japon ; décor en bleu à fleurs, feuillages et lambrequins sur support en bambou.

118 — Chaise à haut dossier couverte en soierie rose brodée.

119 — Lit de milieu en bambou et érable.

120 — Table de nuit en pitchpin.

121 — Glace encadrée d'étoffe.

122 — Chiffonnier et commode de poupée en marqueterie.

123 — Plat en faïence de Deck ; décor femme à collerette.

124 — Étagère à colonnes torses en bois noir.

125 — Belle et grande table de salle à manger, s'ouvrant à rallonges, en noyer sculpté, pieds à cariatides de femmes.

126 — Meuble-cabinet du Tonkin.

127 — Canapé en bois sculpté couvert de soie rayée. Époque Louis XVI.

128 — Grand fauteuil en noyer sculpté, couvert en tapisserie au point et au petit point. Style Louis XIII.

129 — Trois jolies chaises en bois de fer sculpté à jour, couverte en soie brochée. Travail indien.

130 — Tabouret-support en bois de fer de Chine.

131 — Garde-feu en bronze doré.

132 — Deux grandes chimères en grès de Chine, formant supports.

133 — Vasque de Chine décor à lambrequins bleu sur fond blanc.

134 — Vasque de Chine, décor d'oiseaux en or sur fond bleu turquoise

135 — Vasque en cuivre martelé.

136 à 138 — Trois tapis d'Orient.

139 — Quatre rideaux en soie ancienne et peluche.

140 — Couvre-lit en soie ancienne.

141 — Statuette en bronze : Baigneuse de Lanzirotti.

142 — Deux jolis flambeaux en bronze doré, formés d'Amours tenant des jardinières sur leurs têtes.

143 — Bougeoir en bronze argenté.

144 — Bougeoir en fer martelé.

145 — Deux flambeaux argentés, décor à spirales Louis XIV.

146 — Boite en métal japonais forme violon.

147 — Deux bustes de Bacchante sur fûts cannelés en bronze argenté.

148 — Coquetier en métal argenté.

149 — Cadre en bois noir.

150 — Petit buste en terre cuite : Marie-Antoinette.

151 — Groupe de deux personnages chinois en faïence.

152 — Deux petits cornets en ivoire sculpté.

153 — Biniou en buis, ancien.

154 — Pot à crème en Saxe.

155 — Trois pichets en faïence.

156 — Deux flambeaux forme vase, en bronze doré. Style Louis XVI.

157 — Cafetière russe.

158 — Table-bureau de style Louis XIV en satiné verni, orné de bronzes ciselés et dorés.

159 — Deux statuettes en porcelaine de Saxe. Seigneur et dame en costume Louis XV.

160 — Commode-bonbonnière en faïence de Marseille.

161 — Tapis d'Orient.

162 — Meuble à deux corps formant armoire et bureau en bois noir et de noyer incrusté d'ivoire. de nacre, cuivre et étain, travail dit cirtosine dans le style du XVIe siècle.

163 — Ameublement de salle à manger en noyer sculpté composé d'un buffet, une table et six chaises cannées.

164 — Lustre en bronze doré à neuf lumières.

165 — Glace ronde biseautée, cadre en bois sculpté.

166 — Glace carrée biseautée, cadre en bois sculpté.

167 — Deux chaises en noyer couvertes en soie.

168 — Petite table en bois sculpté de Chine.

169 — Groupe en bronze du Japon.

170 — Vingt assiettes en faïence.

171 — Trois plats en faïence.

172 — Saladier en faïence.

173 — Deux petits cadres en bronze doré.

174 — Grand surtout de table avec sa garniture en métal argenté de Christofle.

175 — Grande glace.

176 — Figurine en bronze : Baigneuse.

177 — Paire de vases en porcelaine, décor à médaillons, sujets d'après Watteau, monture en bronze doré.

178 — Paire de chenets en bronze. Style Louis XVI.

179 — Deux figurines en bronze : Voltaire et Rousseau.

180 — Paire de bras d'applique en bronze. Style Louis XVI.

181 — Encrier en bronze orné d'une figurine d'enfant. Style Louis XVI.

182 — Grand groupe en bronze : Vénus et l'Amour.

183 — Paire de candélabres forme vase en marbre, brèche rose, monture en bronze. Style Louis XVI.

184 — Jupiter et Léda. Groupe en bronze.

185 — Le Rémouleur. Statuette en bronze.

186 — Le Pâtre. Statuette en bronze.

187 — Cheval et serpent. Bronze.

188 — Groupe en biscuit : Premières Illusions.

189 — Statuette en biscuit : la Cigale.

190 — Groupe en biscuit : Fauteuil, nid d'enfants.

191 — Buste en biscuit : Marie-Antoinette.

192 — Petite figurine en biscuit : Léda.

193 — Petite figurine en biscuit : la Poésie.

194 — Figurine en biscuit : le Myosotis.

195 — Groupe en terre cuite : Bacchante et dieu Pan.

196 — Paire de statuettes en porcelaine décorée à la dentelle : Berger et Laitière.

197 — Paire de statuettes en porcelaine décorée : le Retour des vignes.

198 — Statuette en porcelaine : Dormeuse.

199 — Paire de statuettes en porcelaine décorée : Petits Buveurs.

200 — Deux statuettes en porcelaine décorée : les Violoneux.

201 — Dix statuettes en porcelaine.

202 — Petit groupe à l'âne en porcelaine.

203 — Boite en écaille ornée d'une miniature : Portrait de l'impératrice Joséphine.

204 — Boite en ivoire avec miniature ornée de stras.

205 — Boite en ivoire ornée d'une miniature : la Cruche cassée.

206 — Miniature : Portrait de Napoléon Ier.

207 — Ane d'Afrique. Bronze par Caïn.

208 — Deux perruches en ancien céladon bleu turquoise de la Chine, montées en bronze, en candélabres à trois lumières, avec fleurettes en porcelaine.

209 — Deux bouts de table à deux lumières en bronze argenté. Époque Louis XIV.

210 — Deux girandoles à cinq lumières en bronze argenté. Époque Louis XIV.

211 — Deux jardinières en ancienne faïence de Rouen ; décor polychrome à lambrequins.

212 — Deux cache-pots en ancienne porcelaine de Sèvres ; décor à bouquets de fleurs sur fond blanc.

213 — Deux flambeaux en argent. Époque Louis XVI.

214 — Taureau en marbre, par Clésinger.

215 — Sapho. Buste en marbre.

216 — Encrier en porcelaine de Chine.

217 — Flacon à sels en cristal ; monture en or ornée de cabochons grenats.

218 — Deux gravures anciennes.

219 — Petite table époque Louis XVI en bois marqueté, ornée de bronzé doré,

220 — Meuble-encoigure en acajou, bronze doré, dessus en marbre brèche d'Alep. Époque Louis XVI.

221 — Autre meuble-encoigure, semblable au précédent.

222 — Jolie pendule à colonnes en marbre blanc, ornée de bronzes finement ciselés et dorés, surmontée d'amours et d'un aigle. Époque Louis XVI.

223-224 — Deux groupes en terre cuite. Faunes et amours, signés Clodion.

225 — Petite table, époque Louis XVI, signée Jacob.

226 — Bois de canapé sculpté et doré. Époque Louis XVI.

227 — Écran Louis XVI.

228 — Encadrement de glace bois sculpté. Époque Louis XIV.

229 — Deux chaises Louis XIV.

230 — Fauteuil ancien de Brisard.

231 — Ornement d'église en étoffe ancienne.

232 — Cigogne en bronze.

233 — Dix-huit boutons en acier.

234 — Lot de corail.

235 — Coffret en ivoire.

236 — Miniature, cadre en argent doré.

237 — Miniature sur parchemin.

238 — Porte-montre en bois de rose.

239 — Paire de pendants d'oreilles en perles.

240 — Petit flacon, monture or.

241 — Deux breloques, monture or.

242 — Christ en cuivre.

243 — Vierge en bronze.

244 — Deux petits sujets en bronze.

245 — Petit vase.

246 — Animal en bronze.

247 — Crêpe de Chine blanc brodé.

248 — Ombrelle en Chantilly, monture ivoire.

249-250 — Deux éventails.

251 — Petit cadre émaillé.

252 — Vierge en boir dur.

253 — Beau paravent en tapisserie au point.

254 — Deux fauteuils couverts de tapisserie au point.

ARGENTERIE, BIJOUX

255 — Bel Olifan en corne avec monture en argent ciselé et repoussé offrant un groupe : le Char de Neptune, des mascarons et des ornements Renaissance.

256 — Beau Vidrecome en ivoire représentant en bas-relief des scènes d'enlèvement et de batailles, monture en vermeil gravé avec figure d'enfant musicien ciselé en bas relief, anse à cariatide de femme, couvercle surmonté d'une figurine d'enfant.

257 — Curieux Reliquaire ou ex-voto forme architecturale en argent ciselé et repoussé à arcades avec cariatides de personnages offrant à l'inté-

térieur un voilier à trois mâts et tout autour du soubassement des têtes de lion, des masques chimériques et des ornements dans le goût de la Renaissance.

258 — Deux plats en argent.

259 — Casserole en argent.

260 — Belle montre en or, ornée de brillants, Époque Louis XVI.

261 — Petit bracelet en or et perle fine.

262 — Fermoir en or.

263 — Petite bague en or.

264 — Porte-mine en or.

265 — Jolie parure ancienne en or, composée d'une broche et d'une paire de boucles d'oreille.

266 — Huilier en aluminium.

267 — Plat rond en métal.

268 — Panier garni d'objets divers en métal pour voyage.

269 — Paire de boutons à vis formés de deux brillants.

270 — Broche nœud en brillants.

271 — Peigne en écaille blonde enrichi de brillants.

272 — Broche forme étoile enrichie de saphirs et brillants.

273 — Bracelet en or enrichi d'une turquoise fine entourée de quatorze brillants.

274 — Bracelet souple en or enrichi de brillants, rubis et saphirs.

275 — Bracelet en or enrichi d'un saphir cabochon enrichi de diamants.

276 — Broche barrette en rubis, saphirs, émeraudes et brillants.

277 — Broche ronde, papillon avec flèche en diamants.

278 — Bague formée d'une émeraude enrichie de huit brillants.

279 — Bague, trois corps en brillants et perles fines.

280 — Bague marquise en brillants et saphirs.

281 — Bague en or formée d'un rubis entouré de huit brillants.

282 — Bague en or formée d'un saphir cabochon et deux brillants.

283 — Bague pensée en brillants.

284 — Bague marquise ancienne en diamants.

285 — Épingle de cravate, forme épée, en brillants.

286 — Épingle, forme croissant, en diamants et perle fine.

287 — Épingle en or ornée d'une perle fine.

288 — Garniture de chemise formée de trois perles fines.

289 — Bracelet trèfle en argent doré enrichi de quatre brillants.

290 — Broche en argent doré ornée d'une miniature et de perles fines.

291 — Broche, forme boule, en argent doré.

292 — Jumelle.

www.ingramcontent.com/pod-product-compliance
Ingram Content Group UK Ltd.
Pitfield, Milton Keynes, MK11 3LW, UK
UKHW020521180726
13839UKWH00005B/2220